Siete Principios para alcanzar el éxito educacional

Juniace Senecharles Etienne
&
Paulina Soto Vásquez

Maverick Press 2015

Siete Principios para alcanzar el éxito educacional

Maverick Press 2015

ISBN: 978-0-9976341-2-9
Impreso en los Estados Unidos de América
Primera Edición Impresa: Julio de 2016.

TABLA DE CONTENIDOS

DEDICATORIA

A…

...el Dr. Myles Munroe, quien una vez dijo que la
educación es la herramienta necesaria para incrementar
el potencial.

...Trista Sue Kragh, quien ha entregado a mi vida una
tremenda riqueza de conocimientos que han permitido
manifestar mi propósito y desatar mi potencial.

...mis hijas Joyce y Jessica Gayo, Samantha y Sheena
Etienne. Que su potencial sea maximizado en su
generación.

...toda la familia Sénécharles y a toda la familia Etienne,
y más específicamente a mis sobrinas y sobrinos. Que su
potencial sea maximizado en su generación.

Juniace Sénécharles Etienne

A…

...mi dulce Trinidad y a mi ingenioso Federico, este libro
está dedicado a ustedes dos, porque ustedes representan
a las nuevas generaciones y son la fuente de mi
inspiración.

Paulina Soto Vásquez

ENDOSO

En el año 2014 mi familia y yo nos mudamos desde Los Gatos, California, a Naples, Florida. Desde el inicio todo parecía ir mal, pues tuve que vivir en una casa temporal por cuatro meses y tuve que asistir a dos escuelas secundarias en el mismo año. En la primera escuela tuve una experiencia terrible, pensé que la situación no mejoraría, sin embargo, a raíz de que por accidente asistí a una clase equivocada, pude conocer por primera vez a la Dr. Juniace Etienne.

Creo que Dios me hizo pasar por todo esto con el fin de conocerla, porque ella ha cambiado mi vida en más formas de las que puedo contar. La Dra. Etienne le ha dado forma a mi vida educativa entregándome conocimiento relacionado con la educación superior de manera que puedo tomar ventaja de las oportunidades y favorecer mi futuro educacional. Además de esto, ella ha sido una gran influencia y le ha dado forma a mi manera de ver la educación en los Estados Unidos, convirtiéndose en un modelo de excelencia humana para mí, por la forma en que se preocupa por la educación de los estudiantes y de inspirar y guiar a mentes jóvenes tanto estadounidenses como haitianas.

Me siento agradecido de tener a alguien como la Dra. Etienne en mi vida, y siempre lo estaré.

Álvaro Celis

AGRADECIMIENTOS

Me siento honrada de agradecer a las siguientes personas, quienes me ayudaron en el desarrollo y producción de esta visión:

A mi querido esposo, Romel Etienne, por tu paciencia y apoyo durante el proceso de escritura de esta visión. Gracias por tus alentadoras palabras.

A Cathy Keeler, por tu gran devoción, tu bondad y tu disposición para abrazar la idea de que mi visión es valiosa para compartirla con el mundo. Aprecio cada segundo, cada minuto y cada hora que pasas editando este libro. Gracias por permitirle al Rey que uses tus talentos como mi recurso para cumplir Su voluntad.

Por último, pero no menos importante, a mi Comunidad de Reino, gracias por todas las oraciones y el apoyo.

AGRADECIMIENTOS

Primero, quisiera agradecer a Juniace por esta maravillosa oportunidad de construir este proyecto juntas.

Además, quiero agradecer a mi mentora Trista Sue Kragh y a todo el equipo KCI, en especial a Debbie y Britany, porque me han ayudado a pensar en grande y a salirme de mi zona de *confort*.

También quiero agradecerle a mi marido Felipe Ávila. Muchas gracias, amor, porque sin tu apoyo y confianza todo esto no sería posible.

Finalmente, a mis padres, por su apoyo eterno.

INTRODUCCIÓN

¿Puedes definir el propósito de tu educación? La educación es una de las llaves que abre todas las puertas al éxito y muchos de nosotros podemos identificarnos con esta declaración. Nuestra sociedad nos dice que debemos ir a la escuela y que debemos enviar a nuestros hijos a la escuela. Padres de hijos menores de edad pueden ser detenidos si permiten que sus hijos violen los requerimientos de asistencia a la escuela sin razones justificadas. En Michigan y en Illinois, los estudiantes faltan a más del 10% del año escolar sin una justificación, porcentaje con el cual pueden ser multados y, en Florida, pueden ser procesados judicialmente.

Esto fue representado en un incidente donde una madre del Estado de California fue sentenciada a 180 días de cárcel, porque su hijo tuvo ausencias de más del 10% en octubre del 2012. En el Estado de Florida los estudiantes pierden los privilegios de conducir debido a sus inasistencias, lo cual es verificado por el Departamento de Seguridad de Carreteras y Vehículos Motorizados (DSCVM). Todas las escuelas del distrito de Florida deben reportar sus datos de asistencia al DSCVM. Esto da muestra de la seriedad con la que el gobierno de los Estados Unidos enfrenta el tema de la asistencia.

El Centro Nacional de Estadísticas Educacionales reporta que el 80% de los estudiantes en Estados Unidos han cambiado su especialidad de estudios al menos una vez a lo largo de su carrera. El Consejo de Educación Superior está preocupado porque los estudiantes están extendiendo los años de estudio de cuatro a cinco o aun seis años. Además, un 40% de los estudiantes que han extendido sus años de estudios de cuatro a seis, aún no han recibido su título.

Las instituciones de educación superior están preocupadas por cómo poder acomodar a los próximos estudiantes de primer año: si los otros estudiantes no se gradúan en el tiempo asignado, disminuyen las vacantes. Debido a esta situación, algunas universidades están cobrando a los estudiantes que extienden sus años de estudio, otras instituciones han implementado un ´exceso de crédito` en el pago e incluso algunas juntas estudiantiles han tomado algún tipo de acción con el fin de animar a los estudiantes a graduarse a tiempo.

Sin embargo, si queremos comprender en profundidad este fenómeno, debemos considerar que la mayoría de los jóvenes vive esta situación debido a que no tienen definido un plan de vida y, de esta manera, sus decisiones en relación a su educación no son consistentes con quien ellos son y con lo que quieren para sus vidas: simplemente no tienen una base que les permita guiarse.

Todos debiéramos tener definido un plan para nuestras vidas que incluya de manera coherente un plan para nuestra educación, así como los arquitectos crean modelos para sus casas soñadas o los consejeros financieros crean portafolios. El tener una herramienta que permita el diseño y desarrollo de un propósito para una educación efectiva es esencial.

¿Estás comenzando la educación secundaria? ¿La universidad? ¿Te estás comenzando a sentir frustrado mientras tratas de entender el mejor camino para tu educación? El propósito de este libro es entregarte siete principios que guíen las decisiones relacionadas a tu futuro educacional.

La combinación de esfuerzos entre el gobierno y el deseo de los padres de educar a sus hijos, no son suficientes para garantizar una trayectoria académica exitosa si no eres tú mismo quien define personalmente el propósito para tu educación.

Con el fin de identificar el propósito para una trayectoria académica exitosa, debemos considerar algunos elementos fundamentales. Se debe iniciar un proceso de autoconocimiento, definir un propósito, un plan, una visión y asignar quién estará a cargo de este plan, con la finalidad de concretarlo con éxito.

La educación es una de las herramientas para alcanzar el éxito. Te abrirá puertas de oportunidades, te ayudará a crecer intelectualmente e influirá en la definición de tu destino. No obstante, primero debes definir el propósito de tu educación, de otra forma, podría convertirse en un viaje frustrante.

Este libro está diseñado para simplificarte la tarea con siete principios. Sí, siete simples principios. Es muy simple y busca ser una guía para la definición de tu futuro educacional. Estos siete principios son los elementos más necesarios para diseñar el modelo de tu educación y comenzar así con la creación de tu futuro.

PRINCIPIO #1

AUTOCONOCIMIENTO

Defínete a ti mismo

Cada gran sueño, comienza con un soñador. Recuerda siempre que tienes en tu interior la fuerza, la paciencia, y la pasión para alcanzar las estrellas, para cambiar el mundo.

(Harriet Tubman)

La inasistencia a clases no es el evento más catastrófico que puede impactar en la trayectoria educativa de un estudiante, sino el que asistan a clases sin comprender el propósito de su educación. Los resultados de estos casos se presentan constantemente en las noticias, en relación a las tasas de deserción en las escuelas secundarias y en los casos de estudiantes universitarios que cambian sus carreras más de una vez. Esta confusión académica da como resultado baja autoestima, acumulación de deudas, depresión o, todavía peor, muchos estudiantes que se gradúan más confundidos acerca de la próxima etapa de sus vidas.

Tú puedes evitar esta catástrofe educativa que muchos enfrentan debido a la falta de autoconocimiento. Es un camino que puedes salvar una vez que descubres el propósito de tu educación, lo proteges y desarrollas con buenos recursos. El autoconocimiento no es una tarea fácil de ejecutar. Se requiere de un proceso de reflexión, el cual es uno de los procesos más difíciles de alcanzar. La reflexión es una difícil función, ya que requiere de autoresponsabilidad, autocontrol y autodisciplina. Es más fácil manejar rutinas diarias que no requieren de reflexión para realizarse – aunque ya la idea de no pensar es una acción del pensamiento: puede que no sea un pensamiento productivo, sin embargo, sí es un pensamiento –. Existen algunas pautas a seguir durante la etapa de autoconocimiento. El primer paso es que respondas las catorce preguntas que se presentan a continuación y que te asegures de escribir una reflexión acerca de lo que has descubierto de ti mismo(a). Esta es una oportunidad de tener una conversación con uno mismo. Puedes comenzar el proceso con las dos siguientes preguntas:

¿Cómo puedo lograr que mi trayectoria académica sea exitosa?

Puedes lograr que tu trayectoria académica sea un éxito identificando la razón esencial por la cual tú quieres empezar este camino. "¿Cuál es una razón esencial?", podrías preguntarte: es la identificación y definición de un PROPÓSITO para tu desarrollo académico. Una vez que determines ese propósito, te debes aferrar a él. En otras palabras, tienes que definir: ¿para qué voy a tomar este camino o este otro?, ¿para qué voy a estudiar esto?, etc. Así, sucesivamente, hasta que logres descubrir el propósito que mueve tus decisiones y tus acciones.

¿Cómo puedo identificar el PROPÓSITO para mi trayectoria académica?

Es probable que nunca hayas pensado acerca de identificar tu propósito para tu trayectoria académica. ¿Sabes qué? No eres el único, esto es muy común.

El primer paso que servirá en tu búsqueda para determinar tu propósito académico, es responder a las siguientes doce preguntas de autoconocimiento:

¿Cuál es mi deseo más profundo? No aquello sobre lo que tengo un "interés" pasajero, sino aquello que anhelo profundamente.

¿Acerca de qué me siento apasionado/a? ¿Qué me preocupa de verdad? ¿Qué talentos y habilidades disfruto especialmente al usarlos?

¿Qué me hace enojar? No relacionado con una rabia destructiva, la cual es egoístamente motivada, sino una rabia constructiva que se basa en un sentimiento de compasión por otros o por un deseo de que los demás sean tratados justamente; aquella rabia que es generada por injusticias y que guía hacia acciones positivas que solucionan problemas.

¿Qué ideas son persistentes en mi corazón, en mi mente y en mis pensamientos? ¿Cuáles son los sueños que recurrentemente tengo para mi vida? ¿Cuáles son las ideas nunca me dejan?

¿Qué actividades me imagino constantemente haciendo? ¿En qué sueño convertirme? ¿Qué talentos o habilidades usaría y desarrollaría en orden de concretar esos sueños?

¿Qué es lo que quiero para la humanidad? ¿Qué tipo de impacto me gustaría ver realizado en mi comunidad? ¿Qué me gustaría dejar como legado a las siguientes generaciones? ¿Por qué cosas me gustaría ser recordado?

¿Qué cosas me provocan mayor satisfacción? ¿Cuáles son los tres logros que me han dado mayor satisfacción en mi vida hasta ahora? ¿Por qué? ¿Qué es lo que más me motiva, y cómo puedo incorporarlo en mi vida como vocación?

¿Qué cosas haría para siempre aun cuando no existiera compensación monetaria? ¿Por cuáles actividades constantemente me estoy sintiendo satisfecho/a, aun sin recibir remuneración por ello? ¿Por cuáles actividades estoy tan dedicado/a que podría continuar realizándolas aun cuando deje de recibir dinero por ello?

¿Qué deseo estar haciendo cuando
hago mis actividades habituales?
¿Qué actividades, cuando las hago,
me hacen sentir como "pez en el
agua"?

¿Qué actividad elegiría realizar si
supiera que no voy a fallar? ¿Qué
actividad, proyecto, trabajo creativo o
plan me arriesgaría a realizar si supiera
que no corro riesgo alguno? ¿O si el
dinero no fuera un problema? ¿Si no
tuviera que preocuparme de no tener la
experiencia profesional correcta, el
capital cultural necesario, la apariencia
correcta o cualquier otra característica?

¿Qué es lo más importante o
significativo que podría hacer con mi
vida? ¿Qué quisiera que ocurriera en
mi vida? ¿Cómo quiero vivir mi vida
de acuerdo con mis creencias y
valores?

¿Qué actividad me conectaría mejor con mi Creador? ¿Qué me acerca a Dios?

Las respuestas a estas preguntas son el modelo de inicio de tu plan de vida y de tu plan educacional. Además, son un recurso poderoso para ti, ya que puedes recurrir a estas cuando tengas que tomar decisiones relacionadas con tu propósito educacional, por ejemplo, qué clases tomar. Adicionalmente, cuando debas reunirte con orientadores, puedes tener una guía acerca de qué temas conversar y una herramienta para dar soporte a sus decisiones.

Además de todo lo que te hemos planteado, también es importante que en este proceso de autoconocimiento puedas identificar qué es lo que piensas acerca de ti mismo, por ejemplo, si te sientes capaz de lograr los objetivos que te propones o si tienes confianza en tus capacidades, debido a que las creencias que tienes de ti mismo tendrán un gran impacto en tus decisiones y en tus acciones. Una persona puede tener mucha claridad acerca de su propósito, pero si no tiene confianza en sus capacidades, es posible que nunca ejecute ninguna acción para lograrlo. Este proceso de concretar con éxito tu trayectoria educacional, requiere que creas tener el potencial de producir experiencias que te permitan un pleno desarrollo de todas tus capacidades.

En este punto ya puedes comenzar a escribir tus reflexiones. Puedes escribir cómo imaginas tu educación para los próximos cuatro años o más. Ahora que has descubierto tu propósito, puedes crear el escenario educacional ideal. Asegúrate de que sea coherente con tu proyecto de vida. Puedes imaginarte graduándote con honores y siendo parte del diez por ciento destacado de tu generación o siendo parte de un equipo de investigación, si ese es tu anhelo académico.

El siguiente paso es la comprensión de tu estilo de aprendizaje. La forma en que aprendes y elaboras la información son componentes claves para tu plan educacional. Si comprendes esto, el proceso de aprendizaje será mucho más entretenido, ya que te permitirá crear recursos que te faciliten el uso de tus habilidades de aprendizaje. Así, si eres un aprendiz visual, puedes crear tarjetas de memoria o bien dispositivos de audio si eres un aprendiz auditivo.

La realidad es que todos somos capaces y tenemos la habilidad de aprender, pero debemos entender cómo. Esto es, a través de una simple ecuación: la comprensión de tu inteligencia, más la comprensión de tu estilo de aprendizaje, te entregará un *autoconocimiento* acerca de cómo adquieres el conocimiento.

PRINCIPIOS

1. El autoconocimiento no es una tarea fácil de alcanzar. Requiere de un proceso de reflexión.

2. Existen algunos lineamientos a seguir en la etapa de autoconocimiento.

3. Puedes hacer de tu trayectoria académica un éxito, si logras identificar la razón esencial por la cual quieres comenzar este camino.

4. Cuando tengas que tomar decisiones con respecto a qué clases tomar, puedes recurrir a tu propósito educacional.

5. Tienes que creer que tienes el potencial de producir las experiencias que te permitirán alcanzar un completo desarrollo.

PRINCIPIO # 2

ASÍ ES COMO APRENDO

Conoce tus Recursos

*"Sólo puedes ser efectivo cuando eres la mejor
versión de ti mismo"*

Todos podemos aprender y, año tras año se ha ido probando que somos capaces de adquirir conocimientos porque hemos nacido con Inteligencias Múltiples (IM) (Gardner, 1983). Todos estamos equipados para aprender y dominar destrezas y conceptos tal como las aves son capaces de volar naturalmente. Para alcanzar ese nivel, debemos comenzar por reconocer que todos podemos aprender en formas diferentes. Definir el cómo y por qué aprendo es fundamental y, además, también es crucial saber qué es lo que haré con el conocimiento adquirido.

Las respuestas a estas preguntas son importantes para nosotros, ya que nos permiten crear un plan de estudio individualizado basado en nuestras habilidades, para que así sea posible mejorar el nivel de domino de los contenidos académicos. En palabras simples, podrías proponerte las siguientes metas: alcanzar mayor autoconocimiento, definir un propósito y aumentar tus niveles de dominio.

Esto puede producirse al lograr la comprensión de las inteligencias múltiples, más la comprensión del estilo de aprendizaje, lo que dará como resultado; la autoconciencia.

Inteligencias Múltiples

De acuerdo a la Teoría de las Inteligencias Múltiples, tenemos múltiples inteligencias, algunas más dominantes que otras, pero cada una tiene la capacidad de evolucionar, si es expuesta a una variedad de experiencias pertinentes. Gardner concibió las IM como una extensión de la inteligencia tradicional, señalando que la inteligencia humana puede incluir muchas capacidades relativamente independientes unas de otras. Este autor sugirió que la inteligencia de las personas establece la forma en la que acceden y procesan la información. Él argumentó que todos los estudiantes, incluidos aquellos que presentan dificultades de aprendizaje, poseen todos los tipos de inteligencia, en diferentes grados, y que no existen dos individuos que tengan la misma inteligencia.

El autor explicó que algunas personas con bajo Coeficiente Intelectual (CI) pueden tener otros tipos de inteligencia:

La competencia cognitiva humana se describe mejor en términos de conjunto de capacidades, talentos o habilidades mentales, que es lo que llamamos `inteligencias´. Todos los individuos poseen alguna de estas habilidades en algún grado; por lo que los individuos difieren en el grado de habilidad y en la naturaleza de su combinación.

Gardner definió, primero, siete inteligencias y, posteriormente, agregó una octava. Estas formas de inteligencia pueden describir la forma en que procesamos la información y respondemos a la pregunta de por qué nosotros y nuestros amigos, pudiendo estar en la misma clase y recibiendo la misma enseñanza, adquirimos un nivel de dominio de los contenidos a un ritmo distinto.

Inteligencia Verbal - Lingüística

Esta inteligencia corresponde a la habilidad de usar el lenguaje y pensar en palabras. Los aprendices verbal-lingüísticos tienen la capacidad de usar las palabras y el lenguaje oral de forma tan efectiva como el escrito. Estos aprendices disfrutan con actividades de escritura y narración de cuentos. Si este es tu estilo de aprendizaje predominante, te irá bien en actividades de escritura, desarrollo de oraciones o en clases de periodismo.

Inteligencia Lógica - Matemática

Este tipo de inteligencia corresponde a la capacidad de realizar razonamiento inductivo y deductivo, de usar números de manera efectiva y de categorizar. Estos aprendices tienen la capacidad de manipular números y de reconocer patrones abstractos. Si eres bueno con los números, lo harás bien en clases donde los profesores creen situaciones que permitan a los estudiantes examinar y analizar diagramas y gráficos. Los estudiantes con un estilo de pensamiento predominantemente lógico-matemático disfrutan resolviendo problemas.

Inteligencia Viso-espacial

Esta inteligencia corresponde a la capacidad de dibujar y medir objetos, además de pensar en imágenes. Estos aprendices son capaces de pensar en imágenes y de realizar transformaciones a partir de esas observaciones. Si este es tu estilo de aprendizaje predominante, puede que te intereses en participar en juegos de misterio y que tengas la capacidad de visualizar objetos en dimensiones espaciales, para crear imágenes internas en fotografías. Los aprendices espaciales como tú pueden visualizar y comprender conceptos artísticos, apreciar videos, diapositivas, gráficos y diagramas a la hora de aprender.

Inteligencia Rítmica-Musical

Esta inteligencia corresponde a la capacidad de identificar y analizar sonidos y patrones. Este tipo de aprendices pueden distinguir tonos, ritmos y tienen la capacidad de comprender y crear ritmos y música. Si ese eres tú, tienes la capacidad de reconocer patrones de tonos, sonidos, ritmos y latidos. Muchas compañías de softwares escriben música para ayudar a personas como tú a recordar fórmulas matemáticas.

Inteligencia Corporal-Kinestésica

Esta inteligencia corresponde a la capacidad de mover el cuerpo con habilidad y control. Este tipo de aprendices disfrutan de manipular objetos, prefieren actividades de esfuerzo y tienen la inteligencia para usar sus cuerpos para aprender. Tienen la capacidad para controlar su movimiento físico. Algunos de estos aprendices asimilan usando su cuerpo o involucrando sus manos en actividades para aumentar su retención y comprensión. Suelen tener buenos desempeños en actividades que requieren de la exploración de figuras geométricas fuera del salón de clases.

Inteligencia Interpersonal

Este tipo de inteligencia se relaciona con la capacidad para comprender a los otros, y comunicarse efectivamente con ellos. Así también pueden con facilidad interpretar y comprender el comportamiento de los demás. Estos aprendices, tienen la capacidad de percibir, entender y relacionarse con los sentimientos de otros. Las personas que predomina esta forma de aprendizaje, tienen también la habilidad de comunicarse adecuadamente con los demás y de tener buenos desempeños en ambientes de aprendizaje cooperativo, en los cuales pueden interactuar con sus pares y construir relaciones. Pueden desarrollarse adecuadamente cuando se les permite hablar, discutir e intercambiar ideas.

Inteligencia Intrapersonal

Esta inteligencia implica conciencia acerca de sí mismo, de las metas y emociones personales, así como la habilidad para usar esa conciencia para favorecer la comprensión personal. Este tipo de aprendices, usan su autoconocimiento para entender y reflexionar sobre sus emociones, sentimientos, debilidades y fortalezas. Son capaces de relacionarse con sus estados internos, a nivel metacognitivo y espiritual. Las personas que aprenden de esta forma tienden a preferir las instrucciones individualizadas y los estudios independientes, los cuales favorecen la autorreflexión.

Inteligencia Naturalista

Este tipo de inteligencia implica una sensibilidad por la naturaleza, un reconocimiento por los seres vivos, se cultiva un sentido de causa y efecto y se disfruta de las actividades al aire libre (McCoog, 2010). Este tipo de aprendices tiende a tener buen desempeño en clases de biología y pueden sobresalir si sus profesores proponen actividades relacionadas con la naturaleza y el medio ambiente para captar su interés y estimular sus habilidades.

Estilo de Aprendizaje

Adicionalmente al hecho de poseer diferentes inteligencias, también podemos manifestar distintos estilos de aprendizaje. Investigadores han descrito los estilos de aprendizaje como las formas principales en las que aplicas, comprendes y aprendes un concepto. Todos poseemos pasados diferentes, habilidades diferentes, desafíos diferentes y así también aprendemos de formas diferentes. Los métodos tradicionales de enseñanza, como la lectura y la toma de apuntes, son efectivos, pero no siempre pueden dar respuesta a las necesidades derivadas de los distintos tipos de aprendices y sus habilidades.

Generalmente se sugiere que los profesores puedan integrar gráficos y dibujos en sus lecturas con el fin de dirigirse a los diferentes estilos de aprendizaje. No obstante, dado que los distintos estilos no siempre son considerados en la sala de clase, si conoces tu estilo de aprendizaje, puedes promover la implementación de nuevas técnicas para tu beneficio. Los cuatro estilos de aprendizaje más discutidos son el visual, oral, lectura/escritura y táctico/kinestésico, conocido como VARK, por sus siglas en inglés, según el modelo de Fleming (2001). No te sorprendas si notas que aprendes combinando las cuatro modalidades o que puedes tener mayor fortaleza o debilidad para alguna de ellas. La clave es conocer tus fortalezas, para mejorar tus debilidades y optimizar tus recursos estratégicamente.

Ya estás en camino a perfeccionar tu trayectoria educacional. Hasta este punto ya tienes mayor comprensión acerca de ti mismo a partir de las respuestas a las preguntas de autoconocimiento. Además, comprendes que tu inteligencia predominante es la forma en la que mejoras el dominio de un concepto y tu estilo de aprendizaje debiera estar teniendo más sentido en tu vida.

Ahora es tiempo de planificar. Debes planificar cada paso que creas es necesario lograr, con el fin de concluir tu trayectoria con éxito.

PRINCIPIOS

1. Todos nacemos con múltiples inteligencias.

2. Gardner sugirió que la inteligencia de las personas determina la forma en la que acceden y procesan la información.

3. Todos poseemos pasados distintos, habilidades distintas y desafíos distintos, y así también nuestra forma de aprender es distinta.

4. La clave es conocer tus fortalezas con el fin de mejorar tus debilidades y optimizar tus recursos estratégicamente.

PRINCIPIO # 3

PLANIFICACIÓN

Administra tu tiempo

"No planificar, es planificar el fracaso."

(Benjamin Franklin)

La planificación es el tercer principio, pero es igualmente importante que los dos primeros. Es un paso crucial, pues la planificación involucra el proceso de reflexión requerido para que tu propósito educacional se convierta en una realidad y, además, involucra una mentalidad especial en la que se requiere que creas que puedes hacer que las cosas sucedan.

Esto es lo que llamamos capacidad de agencia: un agente es aquel que intencionalmente hace que las cosas sucedan a través de sus acciones, utilizando la planificación como el primer paso para realizarlo. Si las personas no tienen al menos un grado de agencia en la forma en que direccionan su vida, difícilmente se harán cargo de sus decisiones, rara vez crearán nuevas oportunidades y no serán capaces de superar los obstáculos que se puedan interponer en el camino de ver sus propósitos manifestados.

Como decíamos, realizar una planificación adecuada es un paso crucial para alcanzar tu propósito. Te ayudará a mantenerte organizado y a tomar control de tu tiempo y tus recursos. Aprender cómo priorizar a través de la planificación es un componente clave para manejar con éxito tu trayectoria académica, ya que cualquier elemento que no tenga relación directa con el propósito de tu plan académico deberá ser desestimado o eliminado, a pesar de que pueda ser un buen elemento. Es decir, a menos que se alinee con tu propósito, debe ser rechazado. Incluso un buen plan puede esconder un propósito que no calce con tu trayectoria académica.

Un plan bien pensado es la fuerza de defensa más efectiva para guiar con seguridad tu trayectoria académica. Un plan bien equilibrado, te ayudará a aprender cómo priorizar tu tiempo y cómo mantenerte enfocado en orden de alcanzar el éxito. El plan te ayudará a entender cómo organizar tu tiempo a lo largo de un día. Te ayudará a definir estándares para tu educación, los cuales no solo estarán basados en pasar de curso; sino que sentarán las bases acerca de cómo pasarás de curso de acuerdo a tus capacidades y a tu potencial. Un plan efectivo te llevará de la mediocridad a la superioridad.

El mayor impacto en tu trayectoria académica, lo puede brindar el no tener estructurado un plan lo suficientemente claro que proteja esta trayectoria. Es igualmente importante que entiendas el propósito de tu trayectoria académica. De la misma forma, es importante que definas qué es lo que quieres y por qué lo quieres, así como que entiendas la necesidad de tener un buen sistema para que el plan marche correctamente.

Tu trayectoria académica puede verse afectada por las diversas alternativas que están disponibles para ti en la vida. Además del vínculo que estableces con tus amigos, estás siendo bombardeado con muchas opciones, por ejemplo, entre hacer la tarea o entrar a *Facebook, Twitter, Facetime* o *Youtube.* ¿Cómo tomar la decisión correcta para tu trayectoria académica? ¿Hay alguna asignatura en particular que te impulsa a levantarte? ¿Qué propósito académico te impulsa a través de cada día escolar? ¿Estás asistiendo a clases para complacer a tus padres? ¿Estás asistiendo a clases para estar con tus amigos? ¿Por qué estás en la escuela? Estas preguntas pueden parecerte abrumadoras, pero son preguntas difíciles de responder y, la búsqueda de estas respuestas, es tu tarjeta de embarque para navegar con éxito en tu trayectoria académica.

En este punto, ya has identificado el propósito de tu trayectoria educativa, al contestar el cuestionario de autoconocimiento. Tienes mayor entendimiento acerca de tu estilo de aprendizaje. El siguiente paso es crear un plan educativo basado en la información del cuestionario de autoconocimiento y del perfil educativo que has creado. Esta planificación educacional es el modelo para tu futuro: podrás escribir todos los pasos que necesites para lograr tus objetivos, porque el éxito es el producto de muchos pequeños pasos bien planificados. Por ejemplo, ¿cuántos créditos necesitas para tu graduación?, ¿qué grado (G.P.A.) necesitas tener para ingresar a la institución que deseas?, ¿cuántas horas de trabajo comunitario vas a necesitar realizar?, ¿cuál es el costo de la matrícula?, ¿cómo puedes conseguir una beca para reducir la matrícula?, etc. Las metas que puedas identificar, deben ser desarrolladas de con ciertas características, las cuales serán abordadas en el siguiente capítulo.

Es importante que dediques un tiempo para escribir los pasos necesarios para alcanzar las metas que figuran en tu plan educativo. Este puede ser un proceso tedioso, pero extremadamente beneficioso para el resultado final. Por ejemplo, si una de tus metas es estar en la lista de honor, entonces debes identificar los pasos que se requieren para alcanzar ese objetivo. Debes hacerte preguntas a ti mismo: ¿tengo que pasar todas las clases con A?, ¿qué pasaría si obtuviera una B?, ¿puede una C afectar las posibilidades de llegar a la lista de honor? Estas preguntas pueden ser de ayudar, para tener una guía y mantenerse enfocados.

Este es el tipo de pensamiento que puede conducirte a lograr todas las metas que están establecidas en tu plan, pero, recuerda, el plan es el punto de partida. Este es simplemente un contenedor diseñado para mantener tu propósito educativo, por lo tanto, a medida que el propósito se comienza a desarrollar, comienza a tomar forma y a ser definido, se requerirán ciertas modificaciones en el plan.

Es similar a construir una casa; el objetivo final del arquitecto es diseñar una casa, por lo que necesita un modelo de esta para guiar el proceso, no obstante, muchas veces, los ingenieros, tienen que modificar el modelo original para satisfacer los códigos y estándares de vivienda. Cuanto se tiene que el objetivo final es la construcción de la casa; el proceso de modificación no se desvía de este objetivo, sino que asegura que la casa se construya correctamente. Tu plan educativo es un puente para ayudarte a cruzar con éxito, mas puede ser revisado y refinado a medida que concuerde con lo que planeas alcanzar.

Identificar el propósito de la trayectoria académica siempre te beneficia. Lo que tendrás, con esto, es un conocimiento adicional que impactará en el progreso de tu trayectoria académica y simplificará tu proceso educativo, proporcionándote una autoguía que te ayudará a mantenerte enfocado. Esto te preparará para graduarte a tiempo, por ejemplo.

La planificación es un paso muy importante. Con la planificación adecuada puedes alcanzar tu propósito. Tal vez te estás preguntando a ti mismo "¿cuánto tiempo debo considerar en mi planificación?": ¿uno, cinco, diez años? Sin duda, debes planificar hasta dónde eres capaz de ver, ya que después de que alcances las metas propuestas, tu visión se expandirá y serás capaz de ver el siguiente paso y así sucesivamente.

Un elemento clave a considerar es que tu plan de acción no es útil si tu no inicias el proceso caminando en la dirección establecida, eres tú el que debe dar el primer paso, aun cuando parezca lejano o difícil, te recomendamos que lo hagas. Esto puede significar que organices una reunión con alguien, tomes un curso, etc.

PRINCIPIOS

1. Planificar te ayudará a estar organizado y a tomar control de tu tiempo y tus recursos.

2. Con la planificación correcta, puedes alcanzar tu propósito.

3. Incluso un "buen plan" puede afectar tu propósito, si no es adecuado para tu trayectoria académica.

4. Un plan balanceado, te ayudará a aprender cómo priorizar tu tiempo y cómo mantenerte enfocado con el fin de alcanzarlo con éxito.

5. Un buen plan te ayudará a definir y establecer estándares para tu educación.

PRINCIPIO # 4

ESTABLECE METAS

Visualiza tu futuro

"El éxito es donde la preparación y la oportunidad se juntan"

(Bobby Unser)

Al hablar de "establecimiento de metas", nos referimos a la habilidad de visualizar el producto final de un proyecto en pequeños pasos. Estos pequeños pasos son el ingrediente que necesitas para transformar tu plan académico en una realidad y son, además, el ingrediente que te ayudará a alcanzar los hitos que estás esperando lograr en el futuro. Existen algunos principios que necesitas seguir y aplicar cuando estás estableciendo metas, estos se pueden sintetizar de la siguiente forma: Específicos, Apreciables, Alcanzables, Relevantes y Rastreables.

Específicas (o Significativas)

Al escribir tus metas, debes ser muy específico y sencillo. Debes determinar qué es lo que quieres alcanzar y qué es lo que vas a necesitar para lograr esa meta. Tu meta debiera estar claramente definida incluyendo los pasos necesarios para convertirlas en una realidad. No deben ser vagas.

Ejemplo:

"Quiero estar en la Lista de Honor", es un ejemplo de una meta vaga, pero "Quiero organizarme para estudiar (específica) cada noche por veinte minutos y así pasar todos mis cursos con 5,5 o más, para poder estar en la Lista de Honor el primer trimestre", es una meta específica.

Apreciables

Reiteramos, tienes que ser capaz de medir tu meta, por lo cual no puede estar escrita en forma vaga. Si quieres saber que estás en el camino correcto, para estar en la Lista de Honor, por ejemplo, tienes que ser capaz de medir tu progreso. Una meta medible debe incluir algún tipo de actividad que te permita medir el progreso desde el momento en el que te planteas alcanzar esa meta. A continuación, presentamos el mismo ejemplo anterior, para analizar un planteamiento vago y uno medible.

Ejemplo:

La idea "Quiero estar en la Lista de Honor", es bastante vaga en comparación a "Me organizaré para estudiar cada noche por veinte minutos (medible), para pasar todos mis cursos con 5,5 o más y así poder estar en la Lista de Honor el primer trimestre", lo cual e absolutamente medible en cuanto a la especificación que muestra.

Alcanzable (Orientada a la acción)

Tu meta debe ser alcanzable. Si has estado obteniendo sólo notas 4,0 a lo largo del año, no puedes esperar que en tu próximo reporte de notas sólo obtengas notas 7,0. Tienes que proponer tus metas de forma balanceada. La idea de obtener mejores notas es genial, pero el proceso de alcanzar notas 7,0 debe ser realista. Si te planteas una meta muy alejada de tus posibilidades, es probable que fracases en alcanzarla. Necesitas plantearte pequeños pasos.

Seguimos analizando, en base al ejemplo anterior, esta vez, para demostrar cómo escribir una meta alcanzable. La primera es muy vaga y, la segunda, cumple con los criterios planteados.

Ejemplo:

Es vago establecer como meta: "Quiero estar en la Lista de Honor", sin embargo, resulta alcanzable: "Organizaré mi tiempo para estudiar cada noche por veinte minutos, con el fin de pasar todos mis cursos con <u>5,5 o más y así mejorar mi puntaje G.P.A</u> (alcanzable) cada trimestre", lo cual consiste en una meta más realista acorde a las circunstancias descritas.

Relevante (o Gratificante)

Tu meta debe ser relevante para lo que estás intentando alcanzar y, dado que ya has descubierto tu propósito, puedes establecer metas para hacerlo una realidad. Como estudiante, tus metas deberían estar relacionadas con estrategias que necesitas para hacer de tu trayectoria académica un éxito. La capacidad para mantener metas relevantes, te ayudará a mantenerte enfocado en el camino y, siguiendo con el ejemplo anterior, analizaremos este punto en torno a su relevancia o carencia de esta.

Ejemplo:

La meta vaga sería, como hemos visto: "Quiero estar en la Lista de Honor". No obstante, en este punto, una meta relevante sería: "Organizaré mi tiempo para estudiar cada noche por veinte minutos, con el fin de aprobar todos mis cursos (relevante) con 5,5 o más, de manera de poder mejorar mi G.P.A cada trimestre", lo cual es consistente con el principio abordado.

Rastreable (o de Duración Determinada).

Una vez que establezcas tu meta, deberás, además, establecer el tiempo que te tomará alcanzarla. El tiempo que determines para cada meta, estará basado en el tipo de meta que establezcas, las cuales pueden ser de corto, mediano o largo plazo. La clave para lograr esto es que tu meta tenga un punto de inicio y uno de término; esto la hace relevante y también te permite priorizar tu tiempo.

Ejemplo:

Es vago decir: "Quiero estar en la Lista de Honor", a diferencia de una meta rastreable, como: "Organizaré mi tiempo para estudiar cada noche por veinte minutos, con el fin de aprobar todos mis cursos con 5,5 o más y así mejorar mi puntaje G.P.A cada trimestre (tiempo determinado)", dando a conocer el intervalo temporal para cumplir la meta.

Gestión del Tiempo

"Si quieres ser efectivo
tienes que ser disciplinado
en tu día a día."

Tiempo es lo que todos tenemos en común. Todos tenemos acceso a la misma cantidad de tiempo: 24 horas al día. La forma en que decidimos usar este tiempo, depende de nosotros y siempre serán 24 horas, las utilicemos o no, así que lo mejor es utilizarlas de buena forma. Para comenzar, debes comprender que el tiempo es preciado, por lo cual se debe utilizar con sabiduría. No permitas que nada te haga perder el tiempo, porque no lo podrás recuperar. La mejor manera de priorizar tu tiempo es tener una serie de metas. Puedes comenzar tu sistema de organización con un calendario o puedes utilizar tu celular para organizar todo lo que tienes planificado durante el día. Todo es valioso de ser registrado, nada es tan insignificante como para no anotarlo.

Si valoras tu tiempo, las personas comenzarán a valorarlo también. No permitas que tus amigos te distraigan con sus actividades importantes. Siempre consulta tu calendario antes de decir sí a un compromiso, pues solo algunas cosas son necesarias. No todo por el hecho de ser bueno quiere decir que es lo correcto de hacerse. Pero si consultas tu calendario, será más fácil para ti decir no. Es importante que aprendas a decir no a las actividades buenas que hay alrededor tuyo de manera que digas sí a las mejores actividades que aparecerán en tu camino: "todos los buenos líderes han aprendido a decir que no a lo bueno, con el fin de decir sí a lo mejor."

Resumen de cómo escribir tus metas:

1. Debes decir *qué* es lo que quieres y no lo que *no* quieres.

2. Debes utilizar palabras específicas para decir exactamente lo que quieres alcanzar.

3. Debes ser claro acerca de *cómo* sabrás cuando tu meta estará lograda.

4. Por último, *cuándo* la alcanzarás.

Ejemplo:

- Obtendré calificaciones entre 7,0 y 6,0 durante este semestre.
- Llegaré a clases a tiempo, todos los días.
- Entregaré todos los proyectos a tiempo.
- Leeré diariamente.

Queremos recomendarte que, cuando pienses en las metas que quieras alcanzar, no pienses solamente en calificaciones, estas solo te las presentamos a modo de ejemplo. Te invitamos a ir más allá, por ejemplo, puedes preguntarte acerca de las capacidades o actitudes que quieres desarrollar y que son necesarias para que tengas un mejor desempeño en tu área de influencia. Recuerda, las calificaciones no son un fin en sí mismo, son medios que te abren puertas a nuevas oportunidades.

¡Ahora es momento de liderar! ¿Tienes el espíritu de un líder? No estamos hablando necesariamente de ser el presidente de una compañía, sino que de tener la iniciativa para liderar tu trayectoria educacional, basada en el conocimiento que has descubierto acerca de ti mismo, en tus fortalezas, en tus potencialidades y en la determinación para desatar tu propósito con el fin de cambiar a tu generación con tu creatividad.

PRINCIPIOS

1. El establecimiento de metas es la habilidad de visualizar el producto final en pequeños pasos.

2. Al momento de escribir tus metas, necesitas ser muy específico y sencillo.

3. Si quieres saber si estás en el camino correcto para alcanzar la meta que tienes en mente, tienes que ser capaz de medir tu progreso.

4. La meta que te propongas debe ser alcanzable.

5. Tu meta debe tener un tiempo de inicio y un tiempo de término.

6. "Si quieres ser efectivo, debes ser disciplinado en tu día a día."

7. La mejor manera de priorizar tu tiempo es tener establecida una serie de metas.

8. Solo algunas cosas son necesarias.

PRINCIPIO # 5

CONVIRTIÉNDOME EN UN LÍDER

Lidera tu proceso de autodescubrimiento

"Si tus acciones inspiran a otros a soñar más, a hacer más, a convertirse en algo más, tú eres un líder."

(John Quincy Adams)

Un líder es definido como una persona que tiene la capacidad de influenciar, dirigir y guiar a otras personas (Webster's Dictionary). La creencia errónea acerca de los líderes es que solo son aquellos que ocupan posiciones importantes tales como Presidente, Primer Ministro o cargos de ese tipo. Los líderes son personas normales que están situadas bajo circunstancias extraordinarias que hacen emerger su potencial latente y que producen en ellos el carácter que inspira la confianza de los demás (Munroe, 2009). La verdad es que todos nacemos líderes: tenemos la capacidad de liderar en nuestras esferas de influencia. No podemos liderar en el campo médico si no tenemos una inclinación al área médica, así como no podremos liderar como presidentes, si no conocemos las aristas de la política. Pero si sabes quién eres, sabes cuáles son tus dones y tus talentos, entiendes el propósito de estos dones y talentos para el mundo y puedes estar en el camino correcto para liderar en esa esfera, porque tus capacidades están a la espera de ser descubiertas.

A la Dra. Etienne, se le solicitó que seleccionara a diez estudiantes para una sesión de entrenamiento en liderazgo. Cuando ella hizo el anuncio a los estudiantes, muchos estuvieron muy entusiasmados con la oportunidad. Con el fin de ser seleccionados, los estudiantes tenían que escribir un breve ensayo, en el cual debían exponer las razones por las cuales creían que debían ser seleccionados para el entrenamiento. El siguiente día, una de las estudiantes le comentó que había pensado en postular, sin embargo, había decidido que esa oportunidad no era para ella. La Dra. Etienne quedó muy sorprendida porque pensó que esa estudiante iba a ser de las primeras en enviar el ensayo. La respuesta de la estudiante fue: "yo solo quiero ser una enfermera, no soy un líder, no creo tener las habilidades para liderar". La Dra. Etienne le respondió: "Esa es exactamente la razón por la cual deberías asistir al entrenamiento, porque sabes lo que quieres ser, lo cual es un plus, ya que no todos saben lo que quieren hacer al terminar la enseñanza secundaria". Desafortunadamente, la estudiante terminó apartándose de la oportunidad de descubrir sus habilidades de liderazgo.

"Si tú quieres ser un líder, la buena noticia es que sí puedes serlo. Todos tenemos el potencial, pero no es algo que se logre de la noche a la mañana, requiere perseverancia" (John C. Maxwell).

Estos son algunos de los ensayos de los estudiantes postulantes al entrenamiento:

Estudiante A

"¿Qué es lo que define a un líder? Un líder es una persona que lidera o que comanda a un grupo, organización o país. Pero, ¿eso describe a un verdadero líder? No toda persona es capaz de convertirse en un líder. Algunos tienen el talento o el conocimiento, mientras que otros no. A través de mi vida, se me han presentado oportunidades de ser líder. Mi experiencia con el liderazgo se ha producido a través de un club escolar llamado Key Club: es una organización internacional liderada por estudiantes, la cual provee a sus miembros oportunidades de servir, desarrollar el carácter y el liderazgo. Los valores centrales de este club son liderazgo, desarrollo del carácter, cuidado e inclusión. Durante mi experiencia en Key Club, desarrollé habilidades como seguridad, fortaleza y paciencia. El ser un líder, no quiere decir que puedas liderar, pero sí determina el que puedas trabajar bajo presión. No puedo decir que soy un líder perfecto, pero si tengo experiencia siendo uno y estoy trabajando duro para hacer mi mejor esfuerzo."

Estudiante B

"Mi nombre es xxx, tengo dieciséis años y estoy interesada en ser una líder. Es mi sueño, ya que me encanta estar a cargo de las cosas. En mi casa, cuando mis padres no están, siempre soy yo la que se asegura de que todo se haga. Además, soy la mayor y mi hermana no tiene la edad suficiente para ayudar, así que soy yo quien la ayuda a ella con sus tareas, en la cocina e incluso en algunas ocasiones ayudo a mis padres a arreglar algunas cosas. Desde que tengo doce años, tengo interés en ser líder: incluso cuidaba de mi hermana de dieciocho meses a esa edad. Tengo mucha experiencia siendo líder, mi sueño es tener mi propio negocio y oficina; básicamente, liderar. Soy buena dando consejos a la gente. Amo escuchar la opinión de otros, cuando me piden consejos, siento que es un placer poder ayudarlos. Ayudar es lo mío. Siempre he intentado liderar todo lo que establezco, estudio mucho y la escuela es mi prioridad número uno. Existe un programa en mi iglesia llamado Cuidado de Niños y ahí les leo historias, juego con ellos y les enseño: realmente lo disfruto. Si fuera un líder, trataría a las personas con amabilidad, guiaría a otros, justamente, para ser una influencia".

Estudiante C

"El impulso de ser un buen líder, te demanda que te conviertas en un buen administrador. Cuando se describen las características de un buen líder, se mencionan algunas habilidades que uno debiera representar. Desde que era una pequeña niña, ha existido una carrera que ha llamado mi atención, que quiero para mí, que es ser una mujer de negocios liderando una gran corporación. Actualmente me encuentro cursando segundo año de enseñanza media y, tomar un entrenamiento en liderazgo, sería dar un paso en la dirección correcta. El ser parte de este seminario de liderazgo, me enseñará las habilidades y técnicas esenciales que necesitaré en orden de mirar los desafíos desde una perspectiva diferente; lo cual me puede ayudar después a entregar un beneficio a mi comunidad o a mi corporación. Este entrenamiento me enseñará a desplegar los rasgos de un líder, y me empoderará para hacerlo de manera exitosa. Al crecer muchos te dirán que hay muchas áreas en las que es difícil entrar y que solo uno en un millón lo logra. Sin embargo, el sabio Audrey Hepburn una vez dijo 'las oportunidades no aparecen con frecuencia, así que, cuando lo hagan, tienes que agarrarlas'. Rodearme de otros líderes clarificará mi visión, mis metas y me ayudará a ganar confianza en vistas de mi futura carrera. Además, este programa realzaría mis habilidades comunicativas. El hablar en público juega un rol importante en la carrera que quiero elegir y, si quiero convertirme en un futuro líder, tendré que hablar con seguridad y serenidad frente a diversos grupos acerca de mi misión y de mis metas. Las habilidades de negociación son esenciales en una carrera relacionada con los negocios. Adicionalmente, podré asumir responsabilidades no tan solo conmigo misma sino con un largo rango de personas.

"En consideración de todo lo anterior, espero, a través de este ensayo, haber mostrado qué es lo que quiero alcanzar luego de esta experiencia y que, de alguna forma, mi personalidad haya sido capaz de destacarse. Estoy lista para tomar el siguiente paso en alcanzar la meta de mi vida. Para mí, el primer paso es asistir al Programa de Liderazgo"

Estudiante D

"Una de mis citas favoritas en la vida es una de John C. Maxwell que dice 'Un líder es aquel que conoce el camino y muestra el camino'. Siento que tengo las cualidades de liderazgo que pueden influenciar a los otros que están a mi alrededor. Siento que un verdadero líder no solo crea seguidores, sino que crea líderes que lideren con ellos. Todos lideran en su propia forma y creo que yo tengo la posición en dirigir a otros. Tengo las características de un gran líder, por ejemplo, la honestidad es uno de los atributos que yo poseo. Siento que la verdad es lo que opaca todo lo demás. Otro elemento que poseo es la seguridad. Esta característica es clave al dirigir a otros y mostrar que tu cabeza está en alto. Esta es la razón por la que creo que merezco la oportunidad de liderar una vez más".

Estudiante E

"Un líder puede describirse como alguien que se hace cargo, alguien que asume el riesgo y se pone de pie por lo que es. Yo muestro liderazgo al no tomar el rol de seguidor. Establezco metas para todos mis cursos escolares e investigo y busco ayuda con el fin de hacer mi sueño realidad.

"Soy un líder porque sé quién soy y qué hacer para lograr lo que me propongo. Lo más importante, es que soy capaz de representar a las personas que lo necesitan."

Estudiante F

"Algunos individuos son frecuentemente alabados por ´ser líderes naturales´, sin embargo, en mi caso, le debo mis habilidades de liderazgo a todos los problemas y dificultades por los que he pasado. He aprendido que un líder no es solo un individuo con voz fuerte que alcanza el éxito a través de la agresividad y la dominación. En vez de eso, un líder es un individuo que toma la decisión que más beneficia a todos los involucrados y que, a pesar de sus propias opiniones, considera los pensamientos y sentimientos de otros. Un líder es quien puede mostrar a otros el camino, idealmente, a través de su rol ejemplar. Muestran buena autoridad, responsabilidad e influencia. Son firmes, sin embargo, entienden a los individuos que se unen a la ocasión".

Analizando los ensayos de los estudiantes, nos dimos cuenta que uno de los conceptos más comunes mencionado por ellos para describir el liderazgo, fue el 'servicio'. En efecto, la idea central del liderazgo es estar al servicio de otros, con nuestros talentos, con nuestros dones y nuestra experiencia. El principio del liderazgo no es el "autoservicio" sino el "servicio desinteresado".

Otro de los conceptos más mencionados fue 'influencia'. Este concepto es fundamental, porque marca el énfasis que las acciones de un líder deben tener. El impacto de un líder tiene que ver con su capacidad para influenciar a otros, inspirándolos. Ser un líder no se relaciona con dominar a otros, sino con guiarlos a través de la influencia.

Estos estudiantes exhiben dones de liderazgo al permitirse a sí mismos salir de su zona de confort. Están tomando la ventaja de una oportunidad que les permita realzar algo que ya poseen. Estas son las competencias que los empleadores buscan y estas son las fortalezas que guiarán tu trayectoria educacional, a medida que avanzas en ella.

Tú no eres diferente de estos estudiantes. Tú eres un líder y en ti hay un espíritu de liderazgo esperando a ser desatado. Nuestro consejo es que no le tengas miedo. Permítete a ti mismo fallar y aprender cómo fallar con efectividad. George Washington falló muchas veces, pero siguió adelante. Tú eres un líder y es tiempo de que lo creas.

Te motivamos a que tomes la dirección, independientemente de hacia donde quieras llevar tu educación. Mientras estés dispuesto a gobernar sobre tus decisiones, no puedes perder, solo puedes ganar, pero tienes que tomar la decisión de estar a cargo de buscar los recursos correctos para complementar los materiales que te son presentados en clases. Este proceso puedes realizarlo a través de todos los recursos en línea que tienes disponible. Existe Kanacademy, quienes proveen tutorías en muchas áreas. YouTube también contiene muchos recursos que pueden ayudarte a entender problemas de matemáticas, por ejemplo. Existen muchos otros que puedes conocer y usar para tomar ventaja. ¡Sé un líder! Dirígete a ti mismo hacia tu futuro y evita procrastinar. Una de las mejores herramientas contra la procastinación es el establecimiento de metas.

Estamos consiguiendo grandes avances. Hasta este momento, ya has descubierto tu propósito, entiendes tu estilo de aprendizaje, estás planificando y estableciendo metas para alcanzar tu propósito y estás pensando como un líder. El siguiente paso es encontrar la institución correcta que puedan llevarte a ti y a tu propósito al siguiente nivel. No puedes subestimar el poder del pensamiento y la reflexión. Tus pensamientos son el instrumento necesario para determinar tus acciones, las cuales te llevarán a una exitosa trayectoria académica.

Como un dato interesante, en los Estados Unidos, te proponemos *My College Options* (Mis Opciones Universitarias), el cual provee de un cuestionario de planificación, que te vinculará con instituciones de educación superior que están en búsqueda de estudiantes con talentos e intereses como los tuyos.

PRINCIPIOS

1. Todos tenemos la capacidad de liderar dentro de nuestras esferas de influencia.

2. Si sabes quién eres, entonces estás en el camino correcto para liderar en esas esferas, porque las capacidades que posees están a la espera de ser descubiertas.

3. El principio del liderazgo no es "autoservicio", sino "servicio desinteresado".

4. El ser un líder no se relaciona con dominar a otros, sino con guiarlos a través de la influencia.

5. Tú eres un líder y tienes un espíritu de liderazgo esperando a ser desatado.

PRINCIPIO # 6

MIS OPCIONES
UNIVERSITARIAS

Elige con sabiduría y conocimiento

Mencionamos, con anterioridad, que el propósito de tu trayectoria académica es muy importante, si no tienes un propósito, tu trayectoria académica puede carecer de significado y sentirse como una pérdida de tiempo, de energía y de recursos. Esta es la esencia del destino final que hayas trazado, y más importante aún, es la avenida que te puede dirigir al escenario correcto con el fin de hacer brillar tus habilidades, tu creatividad y tus talentos. De acuerdo a una investigación de profesiones (Bureau of Labor Statistics, 2015), 21 de 30 de los empleos más solicitados en los Estados Unidos requiere de algún tipo de postgrado. Las personas que no realizan algún estudio de postgrado tienen tres veces más posibilidades de estar desempleados que aquellos que si han realizado esos estudios, para adquirir habilidades académicas y guiar su propósito.

Asegurar tu propósito con la información correcta es extremadamente importante. Si tu propósito no está respaldado con los materiales correctos, no hay garantía de que logres evadir las distracciones ni hay seguridad de que puedas escapar de ser parte del porcentaje de estudiantes que cambia su carrera al menos tres veces a lo largo de su trayectoria universitaria. Por esto, es beneficioso definir una carrera o un área en la cual te gustaría trabajar, a modo de descubrir las habilidades necesarias para ésta.

Es importante que, durante tu educación secundaria, puedas obtener la mayor cantidad de información y experiencia en relación a la carrera o área de tu interés. Esto puede ahorrarte mucho tiempo y dinero.

El Centro Nacional de Estadísticas de Educación de los Estados Unidos, ha reportado que el 80% de los estudiantes de ese país ha cambiado de carrera al menos una vez. El Consejo de Educación Superior también informó que es muy común que los estudiantes alarguen sus programas de estudios de cuatro hasta cinco o seis años. Ellos, además, reportan que aproximadamente el 40% de los estudiantes que comienzan un programa de cuatro años, al sexto año aún no han recibido su título. Como puedes ver, es crucial que no comiences tus estudios superiores sin antes haberte informado de tus alternativas académicas. No es prudente que comiences tus estudios sin una información adecuada y una buena orientación.

Muchas instituciones de educación superior están preocupadas por los casos de estudiantes que están alargando sus tiempos de estudio. Su preocupación es que estos estudiantes no están dejando las suficientes vacantes para dar el espacio a los próximos estudiantes de primer año. Como resultado, algunas instituciones están cobrando por estadías prolongadas. Doug Bradley, Director de Comunicaciones de la Universidad de Sistemas de Wisconsin explicó: "Nuestra junta tomó medidas cuando se dio cuenta que muchos de nuestros estudiantes estaban tomando más tiempo para completar sus carreras." Algunas instituciones están estableciendo un `exceso de crédito´, como medida de presión para que los estudiantes elijan una carrera y se gradúen.

Existe una alternativa para que tú puedas evitar ser parte de este dilema estadístico; *Mis Opciones Universitarias*, es una buena alternativa para planificarte. El propósito del Cuestionario de Planificación de este sitio es entregar un servicio de organización para los estudiantes. Es de carácter gratuito, online o en papel. Este servicio es para aquellos que quieran crear un perfil educativo basado en sus necesidades e intereses. Esta información personal le permite a la compañía *Mis Opciones Universitarias*, desarrollar una lista de carreras que coincidan con tu perfil y te conecta con aquellas instituciones que reclutan estudiantes con esos intereses.

El Cuestionario de Planificación *Mis Opciones Universitarias* está disponible en forma online o puede ser completado en papel, bajo la supervisión de orientadores o profesores. Puedes registrarte visitando www.mycollegeoptions.org. Con un solo click en

"¡Comienza Ahora!" (*Start Now*), puedes comenzar el proceso y seguir las instrucciones. Recibirás un nombre de usuario y una contraseña. Adicionalmente, *Mis Opciones Universitarias*, tiene boletines mensuales, calendarios de planificación y todo tipo de artículos que proporcionan información general y específica de planificaciones universitarias.

El mayor desafío en tu trayectoria académica, es reconocer el significativo valor de priorizar tu tiempo. El dicho "el tiempo es oro" es fundamental en términos de tu educación. La forma como priorices tu tiempo determinará que finalices tu trayectoria académica con éxito o fracaso.

El Cuestionario de Planificación *Mis Opciones Universitarias* es una herramienta útil para ayudarte a desarrollar ese perfil educativo que necesitas para planificar adecuadamente tu educación. Sabemos que quieres lo mejor para tu educación y, lo más importante, es que encuentres la institución que pueda ayudarte a desarrollar aún más tu propósito y que, eventualmente, puedas tomar dominio sobre tu propia voluntad para adquirir conocimiento. Por esta razón, encontrar una institución que permita todo esto es muy beneficioso tanto para ti como para tus finanzas.

Lo creas o no, el que tengas problemas para definir tu elección de carrera puede afectar tu presupuesto. Por esta razón, es muy recomendable que te motives a crear tu perfil educativo y, de esa manera, ahorres tiempo, energía y dinero.

Los estudiantes de primer año que entran a la educación superior sin tener mucha claridad acerca de la carrera elegida, tienen más altos niveles de deserción, pero si tienes un sólido plan para tu vida al terminar la secundaria, incrementarás tus posibilidades de tener éxito en la educación superior.

También nos gustaría que tuvieras en consideración que no todos los trabajos requieren de un título universitario. Algunos trabajos solo requieren de la certificación de algún tipo de entrenamiento o curso. Algunos empleos requieren de una certificación formal luego de un programa de entrenamiento particular de la empresa. Puede que requieras pasar un test de aptitudes o que recibas un entrenamiento provisto por los empleadores.

Ejemplos:
- Asistentes de Vuelo.
- Cajeros Bancarios.
- Despachadores de Emergencia.
- Carteros.

Entrenamiento de Aprendiz
Este entrenamiento puede durar entre uno y cinco años, dependiendo de la profesión. Los aprendices trabajan con empleados con experiencia y completan un entrenamiento en sala de clases. En ocasiones reciben un sueldo mientras están aprendiendo, pero estos salarios tienden a ser inferiores a los que reciben una vez terminado el entrenamiento.

Ejemplos:

- Técnicos de Laboratorio Dental.
- Mecánicos.
- Operadores de Equipo Pesado.
- Carpinteros.
- Soldadores.
- Electricistas.

Entrenamiento Militar

El Ejército entrena personas para 140 ocupaciones. Muchas de estas ocupaciones militares involucran habilidades que pueden ser útiles para trabajos civiles. Los miembros del servicio reciben pagos mínimos, prestaciones y beneficios, incluyendo ayuda en la matrícula para colegios y universidades.

Entrenamiento Certificado.

Algunos programas en colegios comunitarios, escuelas técnicas y escuelas privadas ofrecen entrenamientos de seis a doce meses de duración, en los que proveen certificación que indica que estás capacitado para realizar ciertos trabajos especializados.

Ejemplos:

- Técnicos de Farmacia.
- Asistentes Dentales.
- Asistentes Legales.

- Reparadores de Computadores.
- Diseñadores Florales.
- Asistentes Médicos.

Formación de Grado Asociada

Puedes transferir el grado obtenido en un colegio comunitario a una carrera de cuatro años de duración, en una institución de educación superior. Puedes obtener un grado asociado de dos años que te prepara para una carrera específica.

Ejemplos de Carreras que requieren el Entrenamiento de Grado Asociado:

- Administradores de Oficina.
- Enfermeras.
- Terapeutas Respiratorios.
- Técnicos Forestales
- Diseñadores de Interiores.
- Técnicos en Ciencias Forenses.
- Asistentes Médicos.

Programas de Licenciatura

Programas de grado, de cuatro años de duración, están disponibles en Universidades Estatales y Privadas. Es importante para un estudiante que tiene interés en estudiar en la Universidad el tener un plan, a modo de incrementar las posibilidades de completar el grado con éxito.

Ejemplos de Carreras que requieren Formación en Licenciatura:

- Dentistas.
- Forestales.
- Diseñadores Gráficos.
- Trabajadores Sociales.
- Escritores Técnicos.
- Consejeros Financieros.
- Planificadores de Reuniones y Convenciones.

Formación Académica mayor a la Licenciatura

Hay muchas carreras en las cuales puedes estar interesado, que requieren de formación académica superior a la de Licenciatura.

Ejemplos de Carreras que requieren Formación Académica superior a la Licenciatura:

- Arquitectos.
- Abogados.
- Médicos.
- Farmacéuticos.
- Psicólogos.
- Profesores.
- Administrador Universitario.

Deberías escoger una Universidad o programa de formación en base a lo que tú consideras que es importante. Piensa en tu futuro y en cómo una formación posterior a la secundaria podría prepararte para la vida laboral. Te alentamos a tomar la oportunidad de conversar con algún orientador escolar, a visitar Universidades y sus sitios web y a usar programas de búsqueda de universidades tales como *MyCollegeOption.com*, para que obtengas la mayor cantidad de información antes de tomar la decisión final.

Factores a considerar al momento de elegir tu Universidad.

Dentro del Estado o Fuera del Estado

- Dentro del estado es más económico que fuera de éste.

- ¿Las Universidades que se encuentran en tu estado ofrecen los programas, actividades y otros elementos que estás buscando?

- Distancia de tu hogar.

Público o Privado

- Las Escuelas Públicas, generalmente, tienen criterios de admisión menos restrictivos y son más económicas que las Escuelas Privadas.

- Las Escuelas Privadas generalmente ofrecen menos alumnos por sala y una educación más personalizada.

Tamaño de la Escuela y Número de Alumnos.

- En las Universidades grandes podrás tener clases con un número de alumnos que va entre los 25 y los

500.

- En las Universidades pequeñas, usualmente el rango de alumnos va entre los 5 y los 100.

Locación.

- ¿La Universidad está localizada en una comunidad rural, en un pueblo pequeño o en una ciudad? Esta información puede ser de importancia al momento de elegir donde vivir, el transporte y el acceso a actividades fuera del campus.

Financiamiento Universitario

Haz un listado de todos los apoyos financieros que puedes considerar. Esta lista podría incluir:

- ✓ Contribución Familiar.
- ✓ Préstamos Federales y Estatales.
- ✓ Subvenciones y Becas Federales y Estatales.
- ✓ Ayuda Financiera Universitaria.
- ✓ Préstamos Privados.
- ✓ Subvenciones y Becas Privadas.

Programas de Apoyo Financieros Federales y Estatales

Subsidios que proveen de asistencia financiera que no requieren pago. Ejemplos de Subsidios Federales y Estatales:

- Subsidio Pell.
- Subsidio Suplementario para la Oportunidad

Educativa.

- Programa Asociado de Apoyo y Asistencia Educacional.

Cabe considerar que los préstamos del gobierno federal están diseñados y son garantizados para darte flexibilidad en su devolución. Ejemplos:

- Préstamo Federal Familia y Educación.
- Préstamo directo para Estudiantes William D. Ford
- Préstamo Perkins

Trabajar y estudiar

Work –Study (Trabajo – Estudio) provee trabajos de medio tiempo para estudiantes, dentro y fuera del campus. Las ganancias obtenidas en este tipo de trabajos, puedes utilizarlas para financiar tu educación.

Programas Adicionales de Gobierno incluyen:

- Programas TRIO.
- Beca de Esperanza de Crédito Fiscal.
- Crédito Fiscal de Aprendizaje para toda la Vida.
- Cuenta de Ahorro para la Educación Coverdell.

Ayuda Universitaria de Base Financiera

- Organizaciones, fundaciones, negocios y otros grupos ofrecen becas a estudiantes destacados académicamente, en base a diferentes factores.
- Te ayudan a investigar posibilidades reuniéndose

con consejeros estudiantiles y visitando la biblioteca local.

- Cerca del 19% de los apoyos financieros disponibles provienen de las Universidades. Contacta a la oficina de apoyos financieros de la Universidad que deseas, para solicitar mayor información.

Recursos de apoyo financieros gratuitos

- La Universidad es Posible
  - http://www.collegeispossible.org
- Junta Universitaria paga la Universidad
  - http://www.collegeboard.com/pay
- Ayuda Rápida
  - http://www.fastaid.com
- Web Rápida
  - http://www.fastweb.com
- Ayuda Financiera Peterson
  - http://www.petersons.com/finaid/

PRINCIPIOS

1. Si tu propósito no tiene los soportes correctos, no existe garantía de que puedas evitar las distracciones.

2. El desafío más grande en tu trayectoria académica es reconocer el significativo valor de priorizar tu tiempo.

3. El Cuestionario de Planificación *Mis Opciones Universitarias*, es una herramienta muy útil para ayudarte a desarrollar un perfil educacional, con el fin de planificar tu educación adecuadamente.

PRINCIPIO # 7

DESAFÍATE A TI MISMO:
AUTO-EMPODERAMIENTO

Elige los desafíos para crecer

"En medio de cada dificultad reside la oportunidad."

(Albert Einstein)

Permítete ser desafiado. Permítete tomar desafíos. Permítete desafiar a otros y permítete ver los desafíos como oportunidades de crecer y progresar. "¿Conoces la diferencia entre líderes, seguidores y perdedores?: los líderes se expanden con los desafíos, los seguidores luchan con los desafíos y los perdedores se encogen con los desafíos" (Maxwell, 2010, p.10). Sé un líder, permítele a los desafíos expandir tus capacidades con el fin de desatar todo tu potencial y construir tu carácter.

Los desafíos cumplen tres propósitos. Te ayudan a ser intencional; producen resultados y te ayudan a desatar tu potencial encubierto. Si entiendes que tienes un propósito, también entenderás que este propósito debe ser desafiado con el fin de calificar para él. Tu propósito debe ser procesado con el fin de convertirse en algo de valor. Si quieres asistir al colegio y a la Universidad de tu elección, debes desafiarte a ti mismo tomando clases que tal vez nunca habrías tomado si no entendieras el propósito de tu educación. Debes desafiarte a ti mismo al priorizar y minimizar el tiempo que gastas en redes sociales o en otras actividades con el fin de completar tus actividades académicas a tiempo. La idea es buscar los desafíos, pero no aceptarlos simplemente porque sí, sino estratégicamente tomarlos con el fin de desarrollar habilidades, talentos, dones y tu carácter y, de esta manera, prepararse para asumir el propósito que has definido para tu vida.

Tienes que desafiarte a ti mismo, diciendo que no a aquellas cosas que no pertenecen a tu plan. El desafiarte te distinguirá de los demás. Los desafíos te guiarán a tener un buen desempeño en tus exámenes, porque te has desafiado a ti mismo a estudiar para ellos desde que eras un estudiante de primer año cuando el resto de tus amigos ni siquiera pensaban en ello.

Te alentamos a tomar clases de posicionamiento avanzado para hacer doble inscripción o cualquier tipo de posicionamiento avanzado que tu distrito escolar provea, con el fin de recibir la oportunidad de desafiarte a ti mismo. También te alentamos a que averigües todos los recursos que tu escuela tiene disponibles para complementar tu currículum: participar en actividades extracurriculares es también una gran oportunidad de desafiarse, porque aprendes las habilidades de flexibilidad y complejidad. La mayoría de las Universidades prefieren postulantes que hayan sido capaces de mantener un alto puntaje GPA, a la vez que participaban de actividades extra programáticas. Esto demuestra tu fortaleza, tus habilidades y tu capacidad de trabajar por tus metas, con perseverancia.

Entendiendo el proceso

Proceso es aquello que necesitas con el fin de llevar a cabo autoconocimiento. Proceso es cuando tus inteligencias múltiples emergen. Proceso es cómo tu propósito será definido. Proceso es cómo tu carácter será construido. Proceso es cómo te desafiarás a ti mismo y aceptarás las tareas que se requieren para ser exitoso. Proceso es tu plataforma para demostrar tus habilidades de liderazgo. Proceso es la estación que tu trayectoria académica necesita para florecer. Te alentamos a abrazar el proceso del proceso.

Pero, ¿qué es un proceso? De acuerdo con Webster dictionary.com, un proceso es "1. Un curso 2. Una serie de cambios dirigidos hacia algunos resultados 3. Una serie de operaciones como en manufactura". El hecho de que estés leyendo este libro muestra que estás en el camino para definir tu propósito educacional. Al leer este libro, adquirirás una serie de principios útiles para desarrollar un plan que llevará a tu trayectoria educativa a un camino de éxito.

La comprensión de este proceso es importante para alcanzar los resultados que te has propuesto. Tu trayectoria educacional pasará por un proceso, con el fin de producir el resultado final que necesitas. Los procesos disminuirán el nivel de tu frustración cuando no apruebes tu primer examen importante, luego de haber estudiado toda la noche. Son los procesos los que te ayudarán con tu puntaje GPA, porque pasar de un puntaje 2.0 a 3.5 no sucede de la noche a la mañana. Necesitarás de un proceso para reorganizarte, con el fin de mejorar y convertirte en una mejor versión de ti mismo.

Te alentamos a que recibas los procesos en tu vida para así alcanzar el éxito académico que mereces. Steve Job aceptó el proceso para desarrollar un dispositivo que ha cambiado la forma de comunicarnos. Un proceso que permitió la conexión sistemática mundial. La pregunta para ti: ¿cómo cambiarás el mundo?

PRINCIPIOS

1. Permítete ser desafiado.

2. El desafiarte a ti mismo te distinguirá de los demás.

3. Tu propósito debe ser procesado con el fin de convertirse en algo de valor.

4. Proceso, es cómo te desafiarás a ti mismo y aceptarás lo que se requiera para alcanzar el éxito.

5. ¿Cómo cambiarás el mundo?

REFERENCIAS

Bandura, A. (2001). Social Cognitive Theory: an agentic perspective. *Annual Review of Psychology*, 52, 1-26. doi: 10.1146/annurev.psych.52.1.

Elias, M. (2006). The connection between academic and social and emotional learning. En M. Elias & H. Arnold (Eds.), *The educator's guide to emotional intelligence and academic achievement* (pp. 4–14). Thousand Oaks, CA: Corwin Press.

Gardner, H. (1983). *Frames of Mind.* New York: Basic Books. Maxwell, J. (2010). *Be All You Can Be: A Challenge to Stretch Your God-Given Potential.* Colorado Springs: David C. Cook.

McCoog, I. (2010). The existential learner. *The Clearing House: A Journal of Educational Strategies, Issues, and Ideas, 83*(4), 126-128.

Munroe, M. (2003). *The principles and power of vision: las claves para poder alcanzar la realización del destino personal y corporativo.* United States, New Kensington: Whitaker House.

Munroe, M. (2009). *Becoming a leader: discover the leader you were meant to be.* United States, New Kensington: Whitaker House.

ACERCA DE LAS AUTORAS

La Dra. Juniace Senecharles Etienne es profesora de francés en Collier Public School en Naples, Florida. Trabaja con niños de diferentes niveles de capacidad académica; desde aquellos que poseen capacidades diferentes, hasta aquellos que poseen talentos especiales. Adicionalmente a la pedagogía, escribió el libro *Three Steps to Guide Your Children's Educational Future.*

Además, es oradora internacional y consultora educacional. Algunos de los temas que ha desarrollado recientemente son: Establecimiento de metas, Priorización para una experiencia exitosa en educación secundaria, Preparación para una conferencia Profesor/Apoderado exitosa, Preparación de nuestros estudiantes del Siglo XXI para el éxito académico y Planificación para la vida después de la escuela secundaria. Además, expandiendo sus horizontes al liderar la coordinación de la campaña para la elección presidencial en Haití, período 2015-2016, desde los Estados Unidos.

La Dr. Etienne se graduó con honores *Summa Cum Laud* en la Universidad de Barry, recibió su grado académico de Magister en Lectura en la Universidad Nova Southern, y obtuvo su grado académico de Liderazgo Docente en la

Universidad de Walden. Se encuentra casada con Romel Etienne y es madre de cuatro maravillosas hijas: Joyce, Jessica, Samantha y Sheena.

Como nativa de Miragôane, Haiti, quien migró a los Estados Unidos a los dieciséis años, conoce de primera mano que la educación puede expandir las oportunidades de éxito. Su pasión es empoderar y estimular la curiosidad intelectual en sus estudiantes. Su meta es informar a los líderes mundiales, acerca de la importancia de la educación asequible y de la necesidad de crear un sólido futuro para las nuevas generaciones.

Paulina Soto Vásquez es Psicóloga Educacional y Profesora Universitaria, además, es madre de dos hermosos hijos: Trinidad Ávila y Federico Ávila. Viven en Chile, con su esposo Felipe.

Ella trabajó como psicóloga en salud pública durante seis años, sin embargo, a pesar de que estaba colaborando a promover el bienestar de las personas, sabía que algo más faltaba y que podía contribuir de manera más significativa a la sociedad, pero no fue hasta que descubrió que su área de influencia era la educación, que decidió entregar a sus generaciones la visión que ella portaba.

En la actualidad, ella está obteniendo el grado académico de Magister en Psicología Educacional e introduciendo principios de formación integral en ambientes académicos, incorporando estos principios en el diseño de clases y en la relación con sus estudiantes. Además, se encuentra desarrollando programas educativos y material audiovisual, relacionados con el aprendizaje socioemocional para ayudar a otros a desatar todo su potencial.

Este es su primer libro y, junto a Juniace, han realizado un precioso trabajo colaborativo.

OTRAS OBRAS DE LAS AUTORAS

A Grounded Theory Approach to Use of Differentiate Instruction to Improve Students' Outcomes in Mathematics

Three Steps To Guide Your Children Educational Future

Triumphing Over Hell On Earth

www.ingramcontent.com/pod-product-compliance
Lightning Source LLC
Chambersburg PA
CBHW071617040426
42452CB00009B/1367